AF449339

DESDE

MI

REFLEJO

Charo Bernal Celestino

ISBN: 978-84-697-3569-5

Primera publicación en Amazon: mayo 2.017

A mis lectores, los auténticos culpables de
mantener viva mi poesía.

INDICE

DESDE MI REFLEJO

¡Transgrede el poema!

Permito que captes la imagen del espejo

y la hagas tuya.

Este frío cristal donde me asomo,

a verter las hebras de letras,

está lleno de huellas de mis yemas

donde arriban inconclusos los deseos.

Como chorros de tinta sin destino,

como pasajeras nubes

que algodonan mis rincones más oscuros.

¡Hazlo tuyo!

apriétalo contra tu vientre

porque late.

No nació para que entiendas lo que siento

porque tú lo sentirás de otra manera.

Siente como vibra en tus espacios,

y como navega sus letras.

¡Vívelo! porque es tuyo, si me dejas.

Es el reflejo de mi esencia.

LA TARDE BOSTEZA

Hay tardes, como esta,
que caen como un guijarro al agua.

Hundida y muda bosteza.
No se hará, la palabra, sonido.

Alarga sus perezosos dedos
y escribe en la niebla.

Incomprensibles pisan hondo los minutos.
Las hojas que se arquean
exigen lacerantes símbolos.

La bruma de tus ojos
pierde el rumbo
y se alarga el sonido del mar.

¿Por qué no nos quitamos
los relojes?

La estación ya no espera,
los trenes desesperan
y aún llevamos en mayo jersey.

No te lo he dicho aún,

pero extraño ser la llama

que se extinga entre tus brazos.

Ya sé que soy intensa,

protesta la tarde

ante mi quejumbre.

Sé que te irás

y estoy viendo

las hojas del árbol pasar

como un triste presagio.

Y te habrás marchado

dejando una estela,

en un cielo herido de recuerdos.

SIEMPRE PRESENTE

Allí estaré cada mañana,

en el hilo de luz que te despierte,

en las verdes hojas que trepen,

en el color albaricoque

que inunda la casa,

en la mañana cálida del domingo,

en el agradable silencio de las alcobas,

en el azul de cielo de un día soleado

y en el gris plateado, si emerge oscuro.

Estaré por las noches

en el olor profundo de las petunias.

Estaré acariciando tu sueño

junto a tu almohada,

velando para que mi recuerdo

no te lastime.

Estaré, también, con mis brazos,

acogiendo cada derrota tuya,

cada momento triste que te atenace.

En tus triunfos y alegrías

me hallarás escondida

en un pequeño pliegue

de tu sonrisa.

Sentirás mi presencia

sin miedo alguno.

Yo, tu eterna compañera,

velando los segundos

de tu existencia.

AUSENCIA EN RASO

Como una cinta de raso,

suave y breve,

así será nuestra distancia

porque estaremos unidas

de cada extremo.

El mar en tu mirada

reflejará otro espacio,

pero en cada rincón

te encontrarás mis manos

posándose en tus hombros,

y mis pies estarán

caminando contigo,

pisando por tus pasos,

calentando el camino.

Miraré el horizonte

que, lejano y delgado,

me recordará tu estampa.

Al sol de la mañana

le dejé un encargo

de pintar de sonrisas,

a diario, tus días.

Y a la luna, que es madre

de todas las estrellas,

le dije muy bajito:

Abrázala en sus sueños

que brilla en lo más alto

¡porque ella es mi princesa!

DUELO

Te lloré tres días y tres noches

como mana una fuente

su chorro inagotable.

Se me estrujó el dolor

en lo más hondo del pecho

dejándome tu herida señalada.

Recordaré tus ojos cristalinos,

de reflejos, emulando una mañana.

Tu sonrisa me la quedo para siempre,

aquella que brillaba desde lejos,

aquella con la que me recibías

y luego te llevabas.

Las hojas ajadas y amarillas

con que llora el otoño

son lágrimas cómplices

con tu nombre escrito en el envés.

Duerme en tus pestañas

un sueño de lejanía,

un horizonte risueño

como memoria escrita.

EN LA NOCHE

Esta noche en la que tu ausencia me persigue,

el sonido de las olas arrastra hasta mí tu recuerdo.

Su vaivén me transporta a la alcoba;

esos pétalos suaves con que abrías mi boca,

esa forma de rozar mi piel,

como el agua de lluvia menuda,

que apenas te moja.

Tus pupilas buscando en mis ojos,

más allá de la vida,

como si pudiera darte un cielo

con una simple sonrisa.

Tus manos generosas

 recorriendo mis costas,

componiendo en mi piel

 más de mil sinfonías.

Esos viajes descubriendo horizontes,

con los labios exhaustos,

con la piel desgastada,

con los ojos errantes al alba,

con gemidos prendidos en la luna.

Esta noche mi piel te recuerda,

tu ausencia me araña,

mis besos te gritan

y mi boca te llama.

Esta noche mi piel te recuerda,

tu ausencia me araña,

NUESTRA DISTANCIA

Se despereza nuestra distancia

y el azul de tu mirada se oscurece

cerrando las persianas de mis sueños.

Se evapora la esencia que, dulce,

arropaba el calor de tu cuarto.

Tu voz lejana acaricia

esta incertidumbre,

esta angustiosa espera.

Como un tronco rasgado

con una truncada rama

que lejos verdea,

así noto tu ausencia

diáfana y resuelta.

Te acaricia otro aire,

que allá lejos, despeina

tu mitológica esfera.

Amor de mis entrañas,

dulce savia en mis venas,

tu alegría me llega

traspasando fronteras,

saludándome ajena,

adornando con flores

esta sutil espera.

SOÑANDO

Te has recorrido mis suaves colinas

y te has hundido en mis lagos más profundos,

soñando encontrar mi esencia.

Buscaste el perfume de tus besos

que descansa en mi nuca.

Alargaste las palabras

para encontrar la equidistancia

entre tu boca y la mía.

El raso de tus labios me dibuja

bajo la sombra de la luna.

Mis dedos componen

 un preludio en tu cuerpo,

y suena aquel piano,

que, a lo lejos,

nos seduce entre los sueños.

Yo, dormida en tu regazo.

Tú, soñando entre mis sueños.

MIRANDO LA MISMA LUNA

Miramos la misma luna

y, sin embargo, ya no es la misma.

Aquella que te regalaba hilos de plata,

la que, en tu cuarto en penumbra,

serpenteaba su nácar.

Sus lágrimas, de blanca cera,

se duermen en tu piel

velando el dulce sueño que te envuelve.

El zafiro de la noche se dilata,

es el mismo dosel infinito que nos cubre,

no obstante, tan distinto...

Alargo los dedos intentando

rozar imaginariamente tu rostro lejano.

Cierro los ojos y busco el mínimo rastro de perfume

que flota por tu alcoba.

Piso tus huellas imperceptibles

y acaricio una sombra desvanecida.

Estás, porque tu ausencia se empeña

en marcar cada pequeño segundo,

porque nos deja tu nombre

en el eco silencioso del reloj.

UNA LUZ CLARA

Surges en la oscuridad y vences,

porque tu luz se extiende y todo se aclara.

Amaneces y me regalas un sol

teñido cada día de un color.

A veces, asomándose entre ramas y, otras,

bañando su reflejo en las serenas aguas.

Sé, que la calma de tus ojos

tú se la robas al agua

y después nos la regalas.

Podría decir tantas cosas de ti, que me faltarían palabras;

serían vanas, limitadas, siempre pobres, desgastadas.

Sin embargo, para aproximarme un poco, te diré:

que no amanece el sol, que lo despiertas tú,

que no cae la tarde, que la adormeces tú,

que surgen las estrellas y el silencio aparece

para que tú descanses, y que,

tras esas horas, vuelva a nacer el día

y brille tu sonrisa para poner, de nuevo,

en marcha el universo.

LAS MANOS DE MAMÁ

Como dos palomas vienen tus manos

a posarse sobre las mías,

a incubar el calor, aún tierno y repetido,

para acallar los miedos

que retumban como olas

de algún mar embravecido.

Pasean desde su suavidad,

como balsa serena en una tarde dorada.

Son bálsamo de útero aún despierto,

cordón umbilical rozando dedos.

Caminos ciertos con destellos de luz de domingo,

perfume cercano que acaricia, tras las manos, mi alma.

TE EXTRAÑO

Extraño la espuma de tu abrazo,

la cálida luz que me atraviesa

cuando el armiño invernal de tu rostro

roza mi semblante de canela.

Tu olor, ya imperceptible, se durmió

en cualquier ángulo de esta eterna espera.

Busco un océano extinguido

entre las páginas de una misma novela.

AMOR SIN FRONTERAS

Cara y cruz de una misma moneda

se rozan los dedos sin que nadie las vea.

Una margarita, empujada por el viento,

se dobla sobre otra besando su pétalos,

cuidando no deshacer su corola.

Dos rosas que se arrullan

con el envés de sus hojas.

Dos olas cuya espuma mezclan,

en la misma orilla,

arrastrando el mismo encaje.

Dos ruborizadas amapolas.

Dos estrellas en una misma estela

amando sin fronteras.

NO SERÁS YA MI INTANGIBLE Y FRÁGIL SUEÑO

Tu ausencia se entretiene

jugando en mis espacios,

regalándome una angustia

proporcional al tiempo en que no estás.

Permanece en mí tu mirada marina,

los trazos de sonrisa a medio dibujar

y el tacto de tus manos de harina.

Sueño e imagino la cuesta de nuestro encuentro

ambas rodando entre la hierba,

describiendo un cilindro de amor inconmensurable.

No sé si sabré contenerte en aquellos segundos,

si sabré, con un abrazo, trasmitirte lo que guardo tanto tiempo.

O quizá una mirada es suficiente,

un cruzar dos universos,

un verano y un otoño amaneciendo…

No serás ya mi intangible y frágil sueño.

Volverás, de nuevo, al tronco,

uniremos nuestras savias

que hace tiempo se fundieron.

TIEMPO

Te pedí tiempo

y me contestaste con espacio,

con un doble interlineado

en donde me perdí sin tus abrazos.

Flotando en la incertidumbre,

me así a las comas de tu texto

vislumbrando nuestro punto y final.

Ya los sueños no culminan,

inconclusos se rebelan

resistiéndose a forjarse

alimentados de nuestra historia.

Hoy la primavera me sonríe

deshaciendo las hojas

de mi frágil corola.

Se extinguió el tiempo

ahogado por un espacio que lo dobla.

ESTE NO ABRAZO

Me duele el no abrazo,

este abrazo mental con que te envuelvo

en esta tarde gris.

Duele la árida impotencia

que mastico entre las líneas de tu espera.

Duele tu blanca ausencia

que se me pega a los huesos.

Duele tu mirada líquida

que se queda impregnada en el azul

de las notas de tu libreta.

¿Cómo puede ser tan tangible

este dolor, que tiene hasta cuerpo?

La calle extraña airear tu pelo.

El sonido de tus pasos ya es un muerto.

Me asomo y miro el cielo

imaginando cómo cuantificar

el amor que te tengo,

intentando descubrir un algoritmo

que relacione tu distancia y este amor,

pero, ¡no lo encuentro!

TRAS UNA LLUVIA INTENSA

Podría decirte

que me bastan tus ojos

para beber el resto del día

y me estaría quedando corta.

Podría decirte

que me bastan tus manos

para sujetar este mundo

y, aún así, me seguiría quedando corta.

Podría decirte

que la distancia es infinita

cuando pierdo el rastro de tu perfume

y me faltaría tanto por decirte...

Y es que, lo inconmensurable

no se puede traducir en palabras,

por más que me empeñe

no puedo con unos trazos

dibujar mis sentimientos

ni guardarlos en pequeñas frases.

Porque es tanto lo que guardo

que desbordaría el poema,

como se desborda un río

tras una lluvia intensa.

NO VAS A PODER CONMIGO

Por cada puñal que me claves,
un pétalo nace.

 Por cada gatillo que aprietes,
contra el acero de tus balas, un poema.

Y por cada lágrima nuestra que busques,
mi sonrisa tierna.

NO VAS A PODER CONMIGO

Por cada puñal que me claves,
un pétalo nace.

DEVUÉLVEME TU MIRADA

No me prives de tus ojos

porque entonces ni las flores del parque

le darán color a mis mañanas.

No me mires con desdén

porque llenarás mi playa de medusas inseguras

que me arañarán la piel y me dolerá hasta el alma.

Si me bajas la mirada,

habrás construido un muro de piedras desgastadas

y resbalaré al trepar en tu inconsistente nada.

Dime si al mirar mis ojos

aún vislumbras la senda que extendí

y si reconoces nuestras antiguas pisadas.

Porque si, de nuevo, me miras

se te olvidarán las dudas,

se disiparán los miedos

y volverá la ternura.

DEVUÉLVEME TU MIRADA

EL ANDÉN DE LAS ESPERANZAS

Cada vez que pienso en ti,

sonríen las hojas del sauce

y el azul del cielo se hace instante.

Cada vez que pienso en ti,

mi piel te llama

porque te aguarda

en el andén de las esperanzas.

Cada vez que te pienso,

recuerdo tu última mirada

y mi sonrisa

se despliega y vuela.

Pensarte no me sabe a suficiente,

mi mente te suspende

y te remite a septiembre.

PROGRESIONES

Los días se suceden monótonamente

en progresión aritmética

con una cadencia lánguida,

mientras, tu ausencia progresa geométricamente

en cada segundo que te extraño.

Vives en mi, latiendo y respirando,

haciendo sonar tus pasos por mis pequeños espacios.

Y me sigo preguntando:

Si te siento en cada segundo a mis entrañas pegado,

¿por qué te estoy extrañando?

CUANDO TAÑEN LAS CAMPANAS

Sólo tú y yo sabemos cuando tañen las campanas

y el sonido blanco inunda nuestra casa.

La luz se extiende,

se dilata y derrama toda la felicidad.

Después del último tañido

que retumba, haciendo que vibre el suelo

y te sacuda hasta lo más profundo,

entonces es cuando emerge la calma

conectando nuestras almas.

Como si dos golondrinas en pleno vuelo se amaran.

En ese momento, mi paz se hace nombre

y mis labios te llaman

con una chispa de deseo en mis ojos.

Donde, apenas unos segundos antes,

los encendiste con brasas.

SI TÚ ME ESCRIBIERAS

Si tú me escribieras,

me gustaría que me dijeses

que soy el finísimo chorro

que no se agota

de la fuente de tus quimeras.

Si me escribieses versos

me harías eterna

entre tus trazos dormida,

acariciada en cada desinencia.

Soñar que soy tu musa,

mayúscula en tus letras,

la luna de tus noches,

el sol que te amanezca…

Si me escribieras

para que yo viera

todo lo que tú ves ahora

desde la otra frontera.

SI TÚ ME ESCRIBIERAS

¡Si tú me escribieras

y pudieses sentir

lo que llevo en mis venas!

¡Si tú me escribieras

y pudieses sentir

MÍRAME A LOS VERSOS

Me miraste a los versos fijamente,

diluiste el empeño de las calles desiertas.

Con un dedo en tus labios

la súplica de silencio

quebró el adverbio.

Y no fue aquí ni cerca

donde mi piel te exigió tiempo.

Son las líneas que te escribo

caricias subversivas.

Así que, no me mires a los versos, te lo advierto.

Se romperá la secuencia de tus besos

y los minutos nos arañarán la espalda.

Tú eliges si te atreves a mirarlos

y atraviesas el espejo donde guardo mi diario.

MÍRAME A LOS VERSOS

EL CIELO

Como los faros encendidos de un coche
posé la estela de mis pupilas en él.

Los apagué enseguida,
no era necesario dar luz donde ya existía vida.

Una y otra, y otra, y otra vida,
un color que aparecía cuando el anterior se diluía:
Azul, amarillento, rojo, malva, lila…

Cada día un nuevo lienzo,
un nuevo misterio:
sus ojos, sus manos,
sus labios, sus dedos,
su espalda, su pecho…

Se desnuda el cielo
y la humildad se hace carne.
Mirarte desde un ángulo imperfecto debería,
deformando lo obvio,
disfrazando lo auténtico.

Y permanecer con los labios

sellados de sueños,

y las manos asidas al hilo de seda que te sostiene.

Mientras, te observo en esta estúpida distancia

que se obstina en sujetar dos mundos: tierra y fuego, mar y aire.

Fútil empeño separar el sol del cielo.

NOS DESAPRENDEMOS

Nos desaprendemos, sí,

nos desaprendemos,

y gestionamos la alquimia

de desproporciones.

Nos miramos con los dorsos

de las manos

ateridos de distancia.

Nos desaprendemos

con la torpeza de un relámpago iracundo,

electrizando el paso de nosotros y arrastrando un

lastre confundido.

Nos desaprendemos,

solo, porque tú quieres

abandonar el timón

y tropezar con la nieve.

Y, así, me desaprendes

y me dejas marchita

en esta primavera amarilla

que aún me envuelve.

Y cierras a mis ojos

el tul de tu sonrisa,

antes, tan claro e infinito…

Pero te estás marchando

cuando yo aún sigo viva

repleta de caricias.

Nos desaprendemos la savia,

la piel, las risas…

Nos desaprendemos todo,

y me dejas, herida de nostalgia,

como un otoño pardo

de cáscaras vacías.

APÁGAME

Apágame y extiende un estor de un llano de agosto seco.

Amainame el pulso

para que el latido de mi tinta no forme un coágulo de impulsos.

Colapsa mi respiración y véndame los ojos.

Tapa mis oídos y, aún así, seguiré sintiendo:

veredas donde no hubo huellas,

torrentes donde no hubo cauces,

música en este silencio marchito de ausencias,

seda en la estraza

y azul en el lodo.

¡Que me apagues, te digo!

Ciérrame ya los ojos.

Aunque solo me quede el olor a la tierra mojada,

a la lavanda y al jazmín que nos sembramos.

Quédate, ahí, si tú quieres izar la bandera blanca.

Pero a mí…,

a mí déjame que arda.

OJOS SILENCIOSOS

¿Qué hacer con todo ese dolor?

¿Cómo repararte?

¿Cómo desmembrar cada minúscula fibra que te araña?

Rasgaría los segundos que te están marcando a fuego,

reptaría por el lodo insondable,

acanalaría el cielo

buscando una hebra de luz

para templar tu frente que tirita.

Porque, ¿sabes, mi vida?

esos posos de dolor

que en ti transitan

me atraviesan como dagas

la garganta,

y se erigen soberbios e indemnes.

Atacar sola

a ese terrible ejército que te hiere, querría,

enseñarle los dientes apretados,

con nuestras manos asidas,

con nuestras pupilas

encendidas como antorchas.

Combatir cada noche

una tormenta

hasta que llegue ese día

que sientas que

tienes los dedos ligeros como la harina.

Y, de nuevo, tu mirada será

como una avenida;

ancha somera.

Hasta entonces,

aquí me tienes,

como un perro guardián.

Mientras tanto, tu dolor

en mis ojos silenciosos

está pegando gritos.

SI ACASO NO VUELVO

Si me duermo ese día y no despierto,

que sepáis, que me llevo en el alma

almohadones mullidos de eneros,

que me llevo en el rostro

estrellas del mejor firmamento,

que rocé zafiros, que acuñé requiebros

para enriqueceros,

que os amé hasta el cenit

de mis más profundos sentimientos,

que me llevo en el alma

prendido cada segundo, cada risa, cada palabra…

Que si me voy, no me he ido

porque permanezco allí

cercana y ausente, lejana y presente.

Os cuidaré con mimo

como un labrador cuida su cosecha,

que no os falte nunca un beso en la frente,

aquel empujón cuando tengáis miedo

y aquellas caricias en un día nublado.

Porque me habré ido

y me habré quedado, para no fallaros.

EL TRAZO DE TUS LABIOS

Es el trazo de tus labios

la línea en lontananza

que dibuja mi deseo.

Más allá de lo tangible

mi mirada lo captura.

Son los leves surcos,

nervaduras suplicantes,

premonitorios sueños.

Y yacen semiabiertos,

desnudos, expectantes

al encuentro.

Pero, los admiro

y no los beso.

Reservo, me recreo

y espero.

EL TRAZO DE TUS LABIOS

Entonces,

brota alguna palabra,

quizás un requiebro

y cierro mis ojos y

escucho la primera pieza

del concierto.

Solo entonces,

es cuando me atrevo

a rozar con los míos

aquellos hermosos

pedazos de firmamento.

CATORCE DE MARZO

Sabes que lo mío con el agua es obsesión:

en las fuentes,

en los ríos,

en el mar

y, hoy; en la lluvia.

En cada pétalo de cristal

te siento.

Es la analítica de tus besos,

el pulso de tus labios en mi piel.

Te deseo.

Y llueve, ¿sabes?,

llueve, despacito,

como lo besos primeros que entregamos

dilatando la furia desatada entre tu cuerpo y mi cuerpo.

Miro, y aún sigue lloviendo, como si no cesase el preludio.

Derramas tu mirada en cada gota,

y tu sonrisa se refleja en la farola de la calle.

¿Ves?, te diluyes en el agua y te acercas al cristal de nuestra
alcoba.

Una lengua de lluvia dibuja tu boca,

y las flores sedientas te llaman.

53

Es catorce de marzo y las gotas de lluvia,

cuando abro el cristal,

me acarician las manos.

AMANTES SIEMPRE

(En el día mundial de la poesía)

Ella que me atrapa,

me seduce y

me arrastra

hasta gemir.

Mujer de tinta,

de fuego y agua

que llevo pegada a la piel

y a mis dedos.

Ella y yo,

amantes siempre,

cosidas,

enlazadas en un pacto

más allá

de la propia muerte.

TUS DEDOS EN MI PELO

La esperanza de tus dedos en mi pelo,

solo eso.

Y, después, que desgrane el día

su tiempo consternado y lleno de gemidos:

la política y las miserias descargando baterías.

Todo absurdo, periférico y lejano,

a la sombra de tus dedos y tus labios.

El sábado amenaza lluvia,

y ese gris de futuro inmediato

se cierne en el ocaso de tu voz.

Llévame al destino de un relámpago,

enciéndeme en tus ojos,

elévame a la enésima potencia y después…

que se abra el suelo,

que el cielo transparente lo invisible,

que los árboles desperecen su ramaje

y el aire incendie esta estúpida rutina de relojes tiranos.

Yo solo quiero, mi amor,

el roce de tus labios

y las yemas de tus dedos en mi pelo

salvando mi naufragio.

TU VOZ EN EL AGUA

La fuente me habla de ti continuamente.

Es tu voz ese hilo de agua en mi boca sedienta.

Se guarecieron aquellas palabras,

entre la noche de mi pelo,

acariciando mi oído.

Lame mi recuerdo tu memoria

y te desliza hasta mi lado.

Mana en un adagio perfecto

cada sílaba en tu aliento.

Evoco las miradas

dando luz a tus palabras,

y tus manos son dos remos

en la orilla de mi cuerpo.

Susurra el agua su beso lento,

suave corriente de labios prudentes.

Miro la fuente aunque sé

que mi sed ya no se sacia,

porque el agua ya no es agua,

es tu voz que se derrama

con un grito de deseo.

CARTA EN BLANCO

Escríbeme en los copos de la nieve,

cuéntales el frío que se siente en la distancia.

Háblales del tacto de rocío de la ausencia de mis labios,

del calor que aguardan mis manos

escondiendo mis caricias en los bolsillos.

Confía en ellas.

Ellas me han visto extrañarte esta mañana

y deslizar los dedos por el gélido cristal,

conteniendo este deseo de sesgar la distancia

y pulverizar el tiempo.

Caían densos y pálidos los copos,

con un peso que se hundía

en mis costados.

Mis ojos contemplaban

los pedazos de nieve

como una inmensa carta,

en blanco, rajada y repartida.

Desde la ventana, esta mañana fría,

me ha llegado un correo

sin papel y sin tinta.

Esos copos de nieve, ateridos,

me gritan.

Y tras el cristal leo,

a escondidas, tu carta,

mientras mis ojos lloran

y mi alma tirita.

HERIDA DE VERSOS

Herida de versos, herida,

que no salpican espuma, en una barca varada.

Son pompas de jabón a las que crispa un quejido

y se vacían en la nada de este pecho dolorido.

Un baile de pestañas

temblándoles cristales de rocío y añoranza.

Eso son, nada:

el humo de aquel tren que nunca arranca,

un sol que se enmascara entre las nubes,

un cordón desatado,

apenas un mordisco entre los labios,

los ojos cabizbajos.

Un pentagrama torpe languidece,

y en mis manos laten hundidos unos dedos,

sin amor, rastreando un puerto.

Allí quedaron mis versos,

hundidos en la arena

bajo una barca pesquera.

TE ESCRIBO

Te escribo y son mis versos senderos;

tierra caliente que te dejo a cada paso

como respuesta al rastro de tu aliento

quejoso y fatigado.

Repaso tu frente

en el sueño de las yemas de mis dedos

y te dibujo pequeños trazos;

agua serena

de la infatigable fuente de mis manos.

Letras, conformando palabras

y conjugando verbos, se reflejan

en el prisma sereno de tu mirada

y emigran de mis iris.

En tus manos te he escrito mil secretos

que le confieso a mi almohada.

Ellas sabrán que vuelo me sostiene más alta.

Escribo con la tinta de la noche

que fluye por mis venas

y emerge mi latido inconsistente

en el pulso de tu nombre.

Navegas en mí, hacia mí,

con la fuerza centrípeta de mi pasión

y me arrastras en un círculo infinito.

Te dejo un poema en la lengua

y firmo una tregua,

un instante de sosiego que calme la sed

de estos besos errantes

que buscan tu hueco.

DE FLOR Y MAR

En mi cuerpo florece la flor del almendro

y mis labios son tus suaves pétalos de febrero.

Una hilera de besos rosas te extiendo

y, como un dosel, las sábanas izan su vuelo.

En tu espalda dibujo herbáceos versos,

caricias diluidas donde, lenta,

mi ensenada navega

y en tu playas derrama su espuma.

De flor y de mar te embriago

regalándote la luz de la rosácea aurora

antes de que te llame el sueño.

Mientras la ciudad palpita

con su urgencia y su invierno,

yo derrito, con el fuego titilando en mis pupilas, tu cielo.

DE FLOR Y MAR

NO SE LO CUENTES AL MAR

Que no, que no,

no se lo cuentes al mar que me encelo.

Cuando lleguen las nubes borrascosas,

da un golpe a mi puerta,

sacúdete un trueno,

y yo…

dejaré mi vida atada de un hilo

para ir a tu encuentro.

Correré desnuda de tiempos

y, con un pincel de color celeste,

pintaré de nuevo tu quebrado cielo.

Pero no le llores al mar, por favor,

que con él no puedo,

que no alcanzo a ser tan fuerte y tan brava,

y ni mis caricias tienen esa magia

que tienen sus olas al besar la playa.

Llámame si un día,

ese gris de plomo te hunde la frente,

que lo dejo todo,

pero al mar no le digas que te sientes solo.

Bajo mi paraguas que alberga esperanzas,

dos ojos rendidos, como dos cometas fugaces,

rozan ese cielo.

Momento inefable, intenso e inmenso,

y el mar a su lado parece pequeño.

EL VIAJE

Si supieras como amo la distancia

de tus ojos a la línea del horizonte

cuando pierdes la mirada

como un niño despistado.

Congelo esos segundos y te observo

mientras los kilómetros

sucumben bajo nuestros pies.

Depués miro tus manos,

el bálsamo sedoso de mi morena piel.

Reposan al volante,

con aire distraído,

olvidando el recuerdo

de todas las caricias

de la noche anterior.

Ahora estás fuera de mi

y yo, indolente,

anestesio la ausencia de un puñado de abrazos.

Discurrimos juntos

como dos riachuelos, paralelos,

que a un tiempo laten por el mismo terreno.

Y finaliza el viaje,

termina la distancia

y acudes a mis brazos

entregándome el cuello palpitante de vida.

Te miro dudando,

si acaso, ahora que me acerco,

borrando la distancia,

te estoy amando menos.

A LA MUJER QUE ME TIENE ENAMORADA: CÓRDOBA

Ella, morena de casas blancas,

rejas negras como las pestañas

y de azulón su sonrisa.

La de flores cuajadita,

la de la cintura estrecha

 que marca en la judería.

Ella, que me arrastra por las calles

al compás de sus tacones

con los cabellos al trote.

Ella, que me toma de la mano

entregándome azahares

y me pasea, coqueta,

con su morena melena.

Por la noche, son sus ojos

dos farolas alargadas

que se miran en el río,

sobre el puente,

con sus vainicas romanas.

Entonces, llora en silencio

con sus lágrimas de ámbar

y dibuja sobre el cielo

lo que le aprieta en el alma.

Susurra en todos los patios

con un quejido de agua.

Y yo suspiro al mirarla,

porque esta mujer me tiene

locamente enamorada.

SIEMPRE EN MÍ

Se abre la noche los botones de angustia,

persevera tu latido en mis sienes.

No te vas,

te conviertes en un rastro indeleble,

en perpetuo estallido,

en la hoguera más lenta,

en la lluvia más fuerte,

en meta y salida frecuente,

en palabras con trazos robustos.

Un poema que una ola arrastra,

insistente, a la orilla.

Eres voz y su eco inmediato,

eres pulso en mis pasos.

Es invierno

y este gris, errático y húmedo, me repite,

como en un pentagrama una nota tras otra,

que en mí siempre vives.

EL CIELO ENTIBIA TU RECUERDO

Viajar a tus manos

desde este rojo sol

entre nubes enfadadas.

Cerrar la mirada

y dejar que las pestañas

deseen sombrear este atardecer

que languidece con una pereza extrema.

El tiempo dobla a la variable distancia,

laxa, como esta tarde interminable.

Este amarillento cielo, tenue,

suaviza los minutos lentos y entibia tu recuerdo.

Mientras, la tarde se calma

y traza una brecha blanca,

como un zarpazo modesto,

una línea que divide dos mundos,

dos universos.

Abrir y cerrar los ojos

como si fueran persianas,

como si con ese gesto

se olvidase lo que el cielo

dibuja con su mirada.

LAS MANOS DE MARIA LUISA

Sus manos leves como una pluma,

mudas como el silencio.

Elegantes y sobrias

como las cuerdas de un chelo

o la teclas de un piano.

Posa sus dedos de satén,

de azahar y de limones,

y derrama su mixtura.

Caen como hebras de seda,

Generosas, y entonces

brota un requiebro

como un susurro del cielo.

Un ave en vuelo,

la lluvia mojando el suelo,

los atardeceres rojos

y sus dedos… sin duda eso,

de las cosas más hermosas

que mis ojos recibieron.

EL HAZ Y EL ENVÉS DE UNA HOJA

La línea de luz amarilla,

en una mañana fría,

que te acompaña en la acera.

El calor de mi bolsillo

en tu mano aterida.

El roce con las yemas de mis dedos

cuando tengas miedo.

El ligero y mullido peso

de una manta revoltosa

en las noches de tormenta.

La caricia en tus sienes

cuando el insomnio te atrapa.

El tierno beso en tu frente

protector de tu jornada.

La cálida mirada que te acompaña

como un pespunte de pestañas.

El calor de mi piel en tu piel como constancia.

Los paseos por París,

las cenas con las manos enlazadas.

Mi cuerpo; sendero y destino de tus ganas.

Nada más ni nada menos;

como el envés y el haz de una hoja

eternamente condenada.

AZUL PÁLIDO

Regresas a darle a la flor de azahar algún motivo.

Estás a la distancia justa de un latido,

del impulso de mis versos que hoy son tuyos.

El frío de la calle es un muerto que yace en la esquina.

Subirá el rastro de tu nombre

en el perfume que deja la huella de la maleta.

Se arrastra esta tarde y dibuja en el cielo

una mezcla de azules y grises siniestros.

Tengo un pedazo de espejo en mis ojos

que recuerdan tu mirada.

Y me siguen tus pisadas, delicadas,

como un eco amortiguado.

Hoy el azul es más pálido.

PERSISTES

Amanecerte es pensarte

antes aún de que despunte el alba.

Es dejar a la insistencia que se obstine

en acomodarse en mis entrañas.

Atardecerte es latir

a tu lado cuando los ojos pesan,

pero las miradas aún resisten despejadas.

Anochecerte es dejar de pensarte.

Es mecer los tejados de casa

y convertir en etéreo hasta el suelo.

Es marcar con mis labios tu nombre en tu espalda.

Es rendir con mis dedos tus ganas.

Es licuar con mis ojos la luna,

para dormirme en tus sueños

como una flor, que en la noche,

se guarece delicada.

NO DUERMO

Esta noche gime lenta

porque mis costas azules están desiertas,

porque los navíos navegan

hacia rumbos tardíos e inciertos

y el reloj se cansó de latir a destiempo.

Y te espero en esta urgencia maldita

que se aferra a mi ropa sedienta,

en estos ojos, de brillos de estrellas errantes,

que arrastran tu nombre,

en estos labios que buscan

la sed vagabunda de tu lascivia.

Es tarde, lo sé, y me lastima,

cada segundo, la huérfana espera

que late en tu ausencia.

Me derrumbo en tu sueño,

sucumbo, no duermo y tú duermes.

NIEBLA

Mi libertad termina

en la niebla donde empieza la tuya.

Yo que te hospedé bajo mi desierto de dunas

y que te deshice los rayos del sol

para entregarte sus cálidas hebras.

Yo que te deje mirar la vida

vestida de gasas para no herirte

con la realidad de su desnudo integral.

Yo que te regalé laureles

mientras tú clavabas en mi frente

una tiara de espinas.

¿A que tú no sabes cuánto duele

cuando entregas tus brazos abiertos

a una niebla eterna?

¿Sabes?, estoy cansada

de deshojar margaritas de dos pétalos

y de buscar tu rastro en esta espesa bruma.

No te das cuenta

y dejas que mis lágrimas rebosen

como cera de una vela,

y se enfríen, solitarias,

en esta tímida y solitaria demora.

Apenas queda un hálito de llama

y ando suplicando

que, de una vez, termine

este impostado cumpleaños y soples.

Podría decirte que me levanto,

me visto y me maquillo como un autómata,

que todo circula con una inercia plana,

que ya no me queda ninguna canción amiga.

Será que ya es todo una vasta pana

o un áspero remiendo,

 se marchitó la seda.

Mirarte araña mis pupilas

porque estás en frente

y sin embargo no te veo.

Tu perfume es anónimo

y te vas, y, a lo lejos,

llevas escrito un nombre

que ya no recuerdo.

Tu perfume es anónimo

y te vas, y, a lo lejos,

ADIÓS

Te tengo que decir adiós,

aunque las yemas de mis dedos

se resistan a creerlo

y les cueste ceder,

como la trémula rama

condenada a desprenderse de su tronco.

He de despedirme

con el mismo gesto generoso

que me enseñaste a mostrar,

porque has sido, que lo sepas,

sin duda, mi mejor amante.

Que me entregabas amor

como un racimo eterno de caricias

y alargabas tus brazos

hasta alcanzarme el horizonte azulado.

Encendiste la luz

del patio de aquel colegio.

Me preñaste de versos.

Me inundaste de elocuentes silencios

para mostrarme los trazos abstractos con respeto.

Y te amo y te dejo, mi amor,

con el tremendo consuelo

de haber recibido mucho,

muchísimo más de lo que merezco.

Sí, te vas,

delicado y sutil,

escondido en la niebla

que despierta enero con los pasos errantes,

sin rastro en el suelo,

con la cadencia del sonar de campanas

y un sabor a champán en los labios

de nuestro último beso.

NAVIDAD ERES TÚ

Blanca, la Navidad,

como aquella caricia inocente,

¿la recuerdas?

Suave, liviana, tu mano de harina.

Blanca, tu sonrisa en el gesto

con ese caramelo de tus ojos sonriendo,

que era mi regalo de consuelo.

Blanca tu piel y tu pelo.

Y esas ondas que peinabas

como de nieve rastrillada.

Cuando llega Navidad

y montañas de tarjetas y de imágenes

deslumbran adornadas con la nieve…

entonces te recuerdo,

y siento que te extiendes,

que rebosas, y te encuentro.

Blanca, siempre, abuela; siempre dentro.

ESTA NOCHE

Engulle esta noche otro día aciago.

Respiran las luces de las calles

los hombros encogidos,

los ojos extintos.

Sigue el protocolo rigiendo

el ritmo de la acostumbrada rueca.

Estúpido desfile que observo

maquillada de indiferencia.

Alcanzar el pincel de la luna

y trazar un boceto perfecto

de tu boca y la mía, eso,

solo eso quiero.

Y cerrarte los ojos a besos

 para que no mirases este esperpento.

Y dormirme con los dedos

dibujándote un firmamento perfecto;

sin heridas, sin guerras, sin muertos.

Y besarte con el alma y el cuerpo

hasta conseguir que este día pareciese perfecto.

Eso, solo eso quiero.

LO AUTÉNTICO

Deslizarme y caer

por el tobogán de tus pupilas

hasta el primer pestañeo.

Guarecer mis labios de buganvilla

en el latido de la hiedra de tu cuello.

Apretar mis dedos trenzados en los tuyos

trizando el hielo.

Soñar, soñar despiertos:

que el cielo es una gasa trasparente,

desnudo, sin misterios.

Bailarte hasta encender las baldas del deseo.

Para que te fundas en mí

y conviertas en espuma mi cuerpo.

Amar, desear, arder y morir;

lo único, lo auténtico.

SILENCIO

A veces el silencio se hace denso, y pesa.

Pesa como los ojos cansados y áridos de espera,

como el calor del estío en la siesta,

como el castigo inconcluso.

Pesa y se hunde en el delicado pie sobre la arena.

Pesa en mis sienes abatidas donde se alojó tu espera.

Tu silencio es denso,

denso como la miel que se resiste en caer,

como tu voz derramada desde tu última palabra

hasta mi recuerdo.

Y es ese dilatado peso al que me aferro,

porque allí he construido

el único espacio donde te encuentro.

Así que ¡callad! os suplico,

que quiero estar cerca de él,

aunque sé que jamás podré tenerlo.

VEINTIDÓS

Veintidós noviembres.

Un trazo azul en otoño.

Una procesión de velas sonriendo.

Un relámpago que sorprende

con su luz a la tiniebla.

La piel de nata.

El satén en sus manos delgadas.

La alegría de un cuento infantil.

La pasión de una capa

que al viento se airea y se derrama.

El beso eterno,

la inconclusa llama

en su boca de amapola fresca.

Las dunas de arena del reloj de su figura.

Todo eso es ella,

que me mira, me sonríe

y me abre un mundo

de cerezas y de perlas.

TE HE GUARDADO

Aniana se llamaba

y era su nombre un vaivén como sus pasos,

tranquilos, desde una estancia a otra.

Afuera llueve, aquí, en su casa

que cuido para evitar

que se escape la esencia que guardo de ella.

Crepita la leña y la evoco envuelta en recuerdos:

Las natillas cocinadas, por las noches,

mientras yo miraba su espalda

y su mano en la cuchara

con la danza sinuosa de la leche.

Sus pasos sobre las crujientes baldas de madera;

y aquella escalera que pisaba lenta.

Aquello era paz y; consuelo, su regazo de pan caliente.

Como entrar en sagrado;

el umbral de su puerta protectora,

y adentrarme en su templo; la calma.

Y las tardes de estío

sentada junto al portal,

contemplando a las gentes sencillas,

 preguntando con la voz inocente

 y ansiosa de vida.

El gracioso paseo, lento,

de aquel delantal con cuadritos negros

 y los bolsillos llenos de…

 ¡Ay, y aquel lapicero, apurado, en sus dedos!

Y sus manos,

esas manos de mi abuela,

esa seda, ese chorro de hilo de agua templada.

No llegó a beber de mis versos,

pero yo la he guardado en un libro,

con su casa y sus cosas pequeñas.

No se fue,

la contengo y recuerdo a mi lado.

La lluvia acaricia el cristal como un beso sutil de sus labios.

LL (Y)O VIENDO

Lloviendo y tú sin verme,

pero dejo que las gotas se resbalen,

que paseen como un luto silencioso en esta tarde.

Las miramos desde aleros diferentes

y ellas lloran transcurriendo en su desidia.

Me pregunto: si el dolor se capturase en un instante

y la impotencia cristalizase en una gota de un segundo,

si sabrías que en una lágrima mía

estaría contenida toda la lluvia de este octubre.

Te doy mi calor, mi ternura

y este olor a mojado que envuelve mi calle,

para que cuando mires la lluvia

recuerdes que las gotas de lluvia no duelen,

porque las encerré en una lágrima

y ya no tienen salida.

LL (Y)O VIENDO

LA PISTA HELADA

Espero que caigan monótonos guiones,

como hilos.

Sueño que la nostalgia se deshilacha

y me esconde entre sus ramas decadentes.

Anhelo la soledad

que da la espalda en el azul diario.

Busco volver a perder el rumbo establecido

y viajar con la mágica brújula.

Necesito abrir el desván

y vestirme, de nuevo, de enero,

evaporar las esencias escondidas,

trasparentar los gestos de cada miembro,

deslizar la sigilosa pluma

y despertar los renglones

para que bailen en la pista helada.

LA FAROLA

Era una tarde de color cemento

y me sentía sola.

Me asomé a ver los hilos de agua

que marcaban el final de aquel verano,

y te vi, tan frágil, mirando al espejo,

que sentí tu frío metal en mi cuerpo.

Recordé los besos que nos alumbraste,

mis piernas temblando en aquel momento,

y tú fuiste faro y fuiste mi puerto.

Ahora, me embarga el recuerdo,

y a ti, como a mi,

nos canta la lluvia la historia de entonces,

pero tú, firme y seria,

soportas el cruel *tempus fugit,*

sin embargo, yo,

te miro, me miro, y no lo soporto.

Cierro las cortinas y lloro, de nuevo.

MIS NENÚFARES

Nos perdimos,

aún no sé ni en qué momento

ni por qué motivo,

pero ya arribó mi resistencia a su destino.

Me rindo, claudico, me retiro,

a pesar de que sé que seguirán mis nenúfares

enraizados en el fondo de aquel lago;

hundidos en el fango,

aunque a la superficie afloren

sus húmedos azules y rosados pétalos,

como si nada ni nadie los hubiera arañado.

TU ABRAZO

Si me perdiera en algún sitio,

si mi memoria claudicara

y me soltase de la mano en algún parque.

Si a mis ojos, ya cansados de leer,

un "abajo el telón" los cegase.

Si a mis manos, el temblor y la torpeza,

las llamaran…

Podría resistir los embates de la vida,

el hastío al despertarme

y la lánguida constancia de las horas y minutos,

si, de vez en cuando, tú me abrazases.

Si bajas el puente levadizo

que me cruza a refugiarme en tu noble fortaleza.

Si me protegen las almenas de tu cuerpo…

Porque si me aprietan tus murallas,

¡que más me da si el resto es incierto!

Me será indiferente si sucumben los árboles

o si los caminos se borran del mapa.

Mi brújula es el latido de tu pecho;

y tus brazos, rodeando mi cintura, mi refugio.

Lo demás, superficial, periférico:

rocas salpicadas, grava,

arena minúscula, y más allá; bruma.

HOY DUELES ORADOUR-SUR-GLANE

Aunque la naturaleza se empeñe

en salpicar de belleza cada rincón

y el musgo quiera consolar,

acariciando cada casa,

la tragedia te atraviesa

como la balas que quedaron

incrustadas en las paredes

convertidas en testigos silentes.

Duele la iglesia donde inflamasteis de odio

y matasteis de rabia.

Duele pensar en los niños,

frágiles mártires de vuestra salvaje masacre.

Duele el cementerio

en donde mis ojos no hallaban respuestas

ni lógica y me arañaba la rabia.

Duele la vergüenza de pensar

que seres humanos devastaron todo,

todo lo incendiaron.

He rezado en aquella iglesia,

he llorado entre tantas tumbas

y me he derrumbado

viendo la injusticia de unos desalmados.

Me duele pensar

que pueda seguir existiendo odio.

Por eso, en esta mañana,

donde finas hebras de lluvia lloraban,

he rogado a Dios

que no se repitan jamás estas cosas,

que la humanidad busque siempre puntos de consenso,

nunca diferencias.

Y que las ideas nunca finalicen

inflamando llamas

como las que ardieron en aquella iglesia,

porque esta mañana

me quemaban ellos, en forma de lágrimas.

LA PROPORCIÓN INVERSA

¿Por qué más es menos?,

me pregunto cuando siento que las esquinas rozan,

que el aire empuja con aspereza,

que las estrellas tienen ácido su brillo

y que los pétalos de tus labios se van marchitando.

¿Por qué?, me pregunto,

sin hallar respuesta

a esta falta de simetría en nuestras orillas opuestas.

Aquellas notas, que con armonía sonaban,

se fueron.

Siento el piano de un luto impoluto que aplasta.

Hay un silencio tan denso y oscuro…

Ahora no son dudas,

sólo son aciertos que hieren,

disparos certeros que se hunden

dentro de todo mi cuerpo,

que tan sólo pide pequeños requiebros

que sujeten sueños pasajeros,

para seguir construyendo

manojos de tiernos tréboles pequeños.

AL MAR

A veces es simplemente eso;

esa necesidad de vaciarme en él,

de entregarle mis hebras de ternura

cuando todo alrededor

se convierte en un frío acantilado.

Buscar que me acoja en sus brazos

y me envuelva en un abrazo de interminable espuma,

para hacerme sentir que aún hay arena

en esta húmeda bruma de incomprensión.

Simplemente alargarle mis dedos

y regalarle mi voz y mis ojos

de estrellas sedientas,

para sentir que le alcanzan mis versos

y que sus tímidas olas los rozan.

Para que sepa que la luz de algún faro

dirige mi torpe naufragio,

como en un baile donde dos ciegos

se mueven al compás de un destino incierto.

AL MAR

Y su brisa se enreda en mi pelo

para quedarse dormida

en el centro de mi pensamiento,

para constatar que siempre estará el eco de su silencio,

más allá de la tierra.

Más allá de mi propio yo, lo contengo.

SUAVE CALA

Serás la suave cala

donde arriben mis dedos,

la tela desgastada

de un eterno comienzo

de colores diversos.

La ensenada que se ofrece a mi encuentro,

la espuma acuciante,

el osado beso,

los mordidos miembros,

la falla deslizante,

un fulgor de pupilas.

El faro que dirija mi naufragio

a las costas volcánicas.

Morir para seguir viviendo;

tan dentro de mi

que se pare tu pulso

 y se pierda tu aliento.

A ESCALA

Me amaste a escala,

conociendo mis pequeñas proporciones,

sin medidas exactas,

a milímetros escasos.

Mi tamaño real lo reservo

para que siempre anheles

lo máximo, lo verdadero.

SECO NAUFRAGIO

Un manotazo esquivo,

un arañazo,

unas cuantas palabras

encharcando mi herida en alcohol

y te vas,

sin saber el sabor a salitre que dejas en mis labios,

deshidratados de llorar,

con este llanto que ruge por dentro

como un seco naufragio.

SIMBIONTE

Habitas en mi piel como un simbionte;

tú dándome calor; yo, tu norte.

Este juego de alternancias

nutre el amor que se derrama

y se hace carne, piel y miembros.

Se ha convertido en hambre

ya, ni siquiera, es sed.

Persigues mis pisadas

como un lobo

a la vez fiero y tierno.

Y el bosque nos enreda

entre sus ramas,

donde buscamos

las moras más exquisitas

zafando las espinas.

BESOS DE PAPEL DE SEDA.

Besos de papel de seda

rosa, tus labios me esperan.

Pétalos, labios, flores,

bocas abiertas, lenguas sedientas.

Hundirme suavemente

entre tus labios

y robarte el calor

y la humedad

de tus últimas palabras.

Dibujarte un trazo

con mi lengua,

una rúbrica que firme

este amor que me sentencia.

Tatuarte con saliva mi nombre,

para que te lo tragues

y me sientas.

SONRISAS EN LA ACERA

Tus huellas se quedaron dormidas

en la acera de la calle.

Sonrisas adheridas

que dan luz al gris de las baldosas.

Extraño la sombra de tu cuerpo

al lado de mis pies

y tu mano sujetando mi cintura.

Huele la tierra mojada

del césped que están regando

y la fuente se sigue riendo a carcajadas,

escupiendo como una estúpida.

Ya no me hace gracia,

es más, me molestan

los cinco sentidos

si no estás conmigo.

Te agradecería, tanto si te ha gustado lo que has leído, como si no, que dejes tu comentario, bien a modo de reseña en Amazon, o en cualquier medio que te facilito a continuación.

Tu crítica me ayuda a mejorar. Muchas gracias por leerme.

E-mail de contacto: charo.bernal.c@gmail.com

Blog: charobernalcelestino.wordpress.com

Twitter: @CharoBernalCel